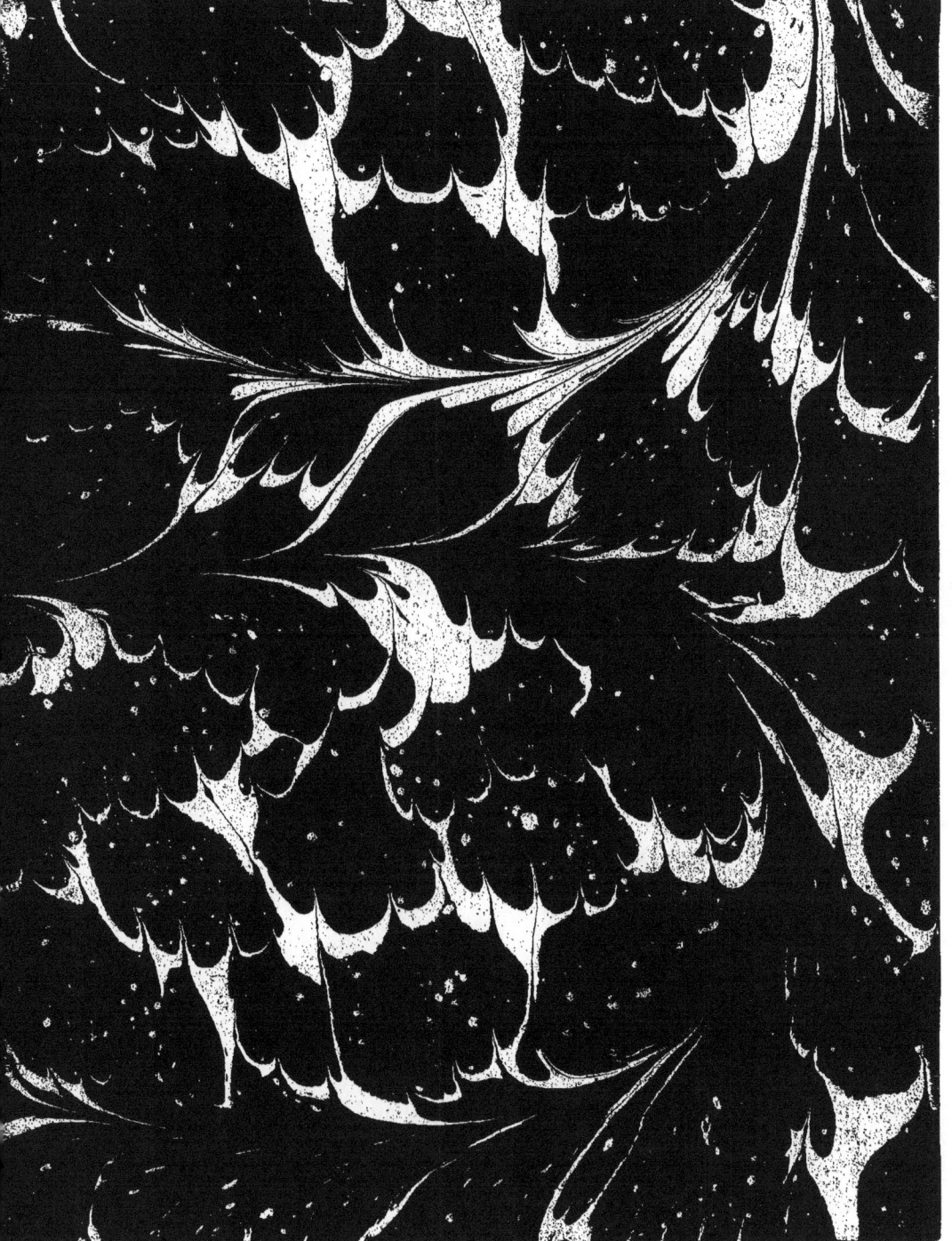

5199
H

§ 199.
14

RECUEIL
DES PORTRAITS
DES HOMMES ILLUSTRES,

Dont il eft fait mention dans l'Hiftoire de France, commencée par MM. VELLY & VILLARET, & continuée par M. l'Abbé GARNIER.

TOME IV,

CONTENANT la fuite du Regne de Louis XIII, & une partie du Regne de Louis XIV.

A PARIS,

Chez NYON l'aîné, Libraire, rue du Jardinet, quartier Saint-André-des-Arcs.

M. DCC. LXXXI.

ETAT des Portraits contenus dans le quatriéme Volume.

SUITE DU REGNE DE LOUIS XIII.

1 FRANÇOIS Leclerc du Tremblay, *ou* le Pere Joseph.
2 Jean de Saint-Bonnet, Seigneur de Toiras.
3 Jean-Baptiste Gaston de France, Duc d'Orléans.
4 Jean Tzerclaës, Comte de Tilly.
5 Henri de Lorraine, Comte de Harcourt.
6 Denis Godefroy,
7 Gaucher, *ou* Scévole de Sainte-Marthe.
8 Jean-François de Gondi.
9 Marie de Rohan, Duchesse de Chevreuse.
10 Ferdinand III, Empereur.
11 Jean-Baptiste Marini.
12 Henri de Mesmes.
13 Jules Mazarin, Cardinal.
14 Charles de Condren.
15 Axel Oxenstiern.
16 Jean de Gassion.
17 Bernard Weimar.
18 Christine, Reine de Suede.
19 Louis-Emmanuel de Valois, Comte d'Alais.
20 Pierre Séguier.
21 Henri de la Tour, Vicomte de Turenne.
22 César de Choiseul.
23 Charles de la Porte, Duc de la Meilleraye.
24 Jérôme Bignon.
25 Victor Bouthillier, Archevêque de Tours.
26 Jacques Callot.
27 Pierre Corneille.
28 François de Vendôme, Duc de Beaufort.
29 Henri Coiffier, *dit* Ruzé, Marquis de Cinq-Mars.
30 Nicolas-Claude Fabri de Peiresc.
31 Martin Happertz Tromp.
32 Pierre-Paul Rubens.
33 Olivier Cromwel.
34 Dominique Zampieri, *ou* le Dominiquain.
35 Antoine Vandick.
36 Simon Vouet.
37 Virginia di Vezzo, son épouse.
38 Michel le Masle.

REGNE DE LOUIS XIV.

39 Louis XIV, surnommé le Grand.
40 Louis de Bourbon, II du nom, Prince de Condé, surnommé le Grand.
41 Bernard de la Valette de Nogaret, Duc d'Epernon.
42 François VI, Duc de la Rochefoucaud.
43 Jean de Longueil, Marquis de Maisons.
44 François Quesnoy.
45 Tomazo Aniello.
46 Jean-François-Paul de Gondi, Cardinal de Retz.
47 Pierre de Broussel.
48 Marin Mersenne.
49 Anne-Genevieve de Bourbon-Condé, Duchesse de Longueville.
50 Antoine III, Duc de Grammont.
51 René Descartes.
52 Catherine-Henriette d'Angennes, Comtesse d'Olonne.
53 Roger de Rabutin, Comte de Bussy.
54 Charles II, Roi d'Angleterre.
55 Jacques II, Roi d'Angleterre.
56 Anne-Marie-Louise d'Orléans, Duchesse de Montpensier.
57 Jean-Pierre Camus, Évêque de Bellay.

58 Denis Petau.
59 Nicolas Foucquet.
60 Nicolas Lewenberg.
61 Gabriel Naudé.
62 Léopold I, Empereur.
63 Pierre Gassendi.
64 Guillaume de Lamoignon.
65 Frédéric-Armand, Comte de Schomberg.
66 Louise-Françoise de la Baume, Duchesse de la Valliere.
67 Philippe, Fils de France, appellé MONSIEUR, Duc d'Orléans.
68 Henriette-Anne d'Angleterre.
69 Hortense de Mancini, Duchesse de Mazarin.
70 Jean-Baptiste Colbert.
71 Jean-Baptiste Lulli.
72 Blaise Pascal.
73 François, Vicomte d'Aubusson, Duc de la Feuillade.
74 Raymond de Montécuculi.
75 Armand-Jean Bouthillier de Rancé.
76 Nicolas Poussin.
77 Antoine Arnaud.
78 Françoise-Athenaïs de Rochechouart, Marquise de Montespan.
79 Michel-Adrien Ruyter.
80 François-Michel le Tellier, Marquis de Louvois.
81 François Barbieri, surnommé le Guerchin.
82 Guillaume Temple.
83 Charles II, Roi d'Espagne.
84 Emmanuel-Théodose de la Tour d'Auvergne, Cardinal de Bouillon.
85 Jacques-Bénigne Bossuet.
86 Jean Daillé.
87 François-Henri de Montmorenci, Duc de Luxembourg.
88 Jean Varin.
89 François de la Mothe le Vayer.
90 Sébastien le Prestre, Seigneur de Vauban.
91 Jean-Baptiste Pocquelin Moliere.
92 Van-Ryn Rembrandt.
93 Philippe de Champagne.
94 Jean-Antoine de Mesmes, Comte d'Avaux.
95 Abraham, Marquis du Quesne.
96 Marie Stuart, II du nom, Reine d'Angleterre.
97 Benoît Spinosa.
98 René de Froulay, Comte de Tessé.
99 Louis de France, Dauphin, appellé MONSEIGNEUR.
100 Jean Churchill, Duc de Marlborough.

TREMBLAY;

Vraye effigie du R. P. Ioseph de Paris predicateur Capucin, Prouincial de Touraine superieur des missions estrangeres et de Poitou, fondateur des Religieuses de Caluaire. A rendu l'esprit entre les mains de ses superieurs le 18. decembre 1638

RÈGNE DE LOUIS XIII.

TREMBLAY,

(FRANÇOIS LE CLERC DU)

CÉLEBRE SOUS LE NOM DU P. *JOSEPH*,

Né le 4 Novembre 1577, de Jean le Clerc du Tremblay, Préſident aux Requêtes du Palais, Ambaſſadeur à Veniſe, & Chancelier du Duc d'Alençon, & de Marie de la Fayette, niéce de Gilbert de la Fayette, Maréchal de France; entré aux Capucins en 1599; mort le 18 Décembre 1638.

SAINT-BONNET, (JEAN DE)

SEIGNEUR DE TOIRAS,

MARÉCHAL DE FRANCE,

Quatriéme fils d'Aymar de Saint-Bonnet du Caylar, sieur de Toiras, & de Françoise de Claret de Saint-Félix, Dame de Palières;

Né le premier Mars 1585; Maréchal de France le 13 Décembre 1630; mort le 14 Juin 1636.

JEAN DE SAINT BONNET
Seig.r de Toiras, Maréchal de France,
Né à S.t Jean de Gardonnenque, en Langued.
le 1.er Mars 1585. Mort dans le Milanez le 14
Juin 1636.

GASTON DE FRANCE,
Duc d'Orleans, &c.
Né le 25 Avril 1608. Mort le 2 Fevrier 1660.

GASTON,

JEAN-BAPTISTE DE FRANCE,

DUC D'ORLÉANS,

Frere de Louis XIII, & fils d'Henri IV, & de Marie de Médicis;

Né le 25 Avril 1608; Lieutenant Général du Royaume pendant la minorité de Louis XIV; mort le 2 Février 1660.

TILLY,

(JEAN TZERCLAËS, COMTE DE)

GÉNÉRAL DES TROUPES DE L'EMPIRE,

Fils de Martin Tzerclaës, Sénéchal héréditaire du Comté de Namur;

Né vers l'an 1550; mort le 30 Avril 1632.

JEAN TZERCLAES, C.^{TE} DE TILLI
Général des Troupes de l'Empire,
Mort à Ingolstad, le 30 Avril 1632.

Regne de Louis XIII.

HARCOURT,

(HENRI DE LORRAINE, COMTE D')

GRAND-ÉCUYER DE FRANCE,

Fils de Charles de Lorraine, premier du nom, Duc d'Elbeuf, & de Marguerite de Chabot;

Né le 20 Mars 1601; mort le 25 Juillet 1666.

GODEFROY, (DENIS)

JURISCONSULTE CÉLEBRE,

Né le 17 Octobre 1549, de Léon Godefroy, Conseiller au Châtelet; mort le 7 Septembre 1622.

DENYS GODEFROI.
Jurisconsulte Celebre
Né à Paris le 17. 8bre 1549. Mort au mois de 7bre 1622.

SAINTE-MARTHE,

(GAUCHER ou SCÉVOLE DE)

PRÉSIDENT ET TRÉSORIER DE FRANCE

EN LA GÉNÉRALITÉ DE POITIERS.

Né le 2 Février 1536, de Claude de Sainte-Marthe, Médecin de François Ier, Maître des Requêtes de la Reine de Navarre, & Lieutenant Criminel d'Alençon; Intendant des Finances dans l'Armée de Bretagne sous le Duc de Montpensier; il réduisit Poitiers sous l'obéissance d'Henri IV, sauva la ruine de la Ville de Loudun; mort le 29 Mars 1623.

GONDI, (JEAN-FRANÇOIS DE)

PREMIER ARCHEVÊQUE DE PARIS,

Quatriéme fils d'Albert de Gondi, Duc de Retz, Maréchal de France, & de Claude-Catherine de Clermont, Baronne de Retz;

Né en 1584; Archevêque de Paris le 19 Février 1623; mort le 21 Mars 1654.

JEAN FRANC. DE GONDI.
Premier Archev. de Paris.
Mort à Paris, le 21 Mars 1654, agé de 70 ans.

MARIE DE ROHAN.
Mariée en 1.res Noces au Connétable de Luynes et en
2.des Noces à Claude de Lorraine Duc de Chevreuse.
Née en x.bre 1600. Morte le 13. Aoust 1679.

CHEVREUSE,

(MARIE DE ROHAN, DUCHESSE DE)

Née en Décembre 1600, de Hercule de Rohan, Duc de Montbazon, troisiéme fils de Louis de Rohan VI du nom, Prince de Guimenée, & de Magdeleine de Lénoncourt, Douairiere de Montbazon, & femme en premieres nôces de Louis de Rohan, Duc de Montbazon; mariée le 11 Septembre 1617 à Charles d'Albert, Duc de Luynes, Connétable de France; & après sa mort, à Claude de Lorraine, Duc de Chevreuse, Grand-Chambellan de France; morte le 13 Août 1679.

FERDINAND III,

Surnommé *ERNEST*,

EMPEREUR,

Fils de Ferdinand, Empereur ;

Né en 1608 ; succéda à son pere en 1637 ; mort le 2 Avril 1657.

FERDINAND III.
Commence a regner le 15. Fevrier 1637.
Mort le 2. Avril 1657.

MARINI, (JEAN-BAPTISTE)

Dit le *CAVALIER MARIN*,

Né le 18 Octobre 1569, de Jean-François Marini, Jurisconsulte; mort le 26 Mars 1625.

MESMES, (HENRI DE) SEIGNEUR DE ROISSY, SECOND PRÉSIDENT AU PARLEMENT DE PARIS,

Fils aîné de Jean-Jacques de Mesmes, Seigneur de Roissy, Conseiller d'Etat, & d'Antoinette Grossaine, fille de Jérôme, Seigneur d'Irval & d'Avaux; reçu fort jeune en 1608 Conseiller au Parlement de Paris; Lieutenant Civil en 1613; Prévôt des Marchands en 1618; Président au Parlement le 26 Février 1627; marié en 1621 avec Jeanne de Montluc, fille de Jean de Montluc, Seigneur de Balagny, Prince de Cambray, Maréchal de France; & en 1539 avec Marie de la Vallée-Fossez, veuve de Gilles de Lusignan, Marquis de Lansac; mort en 1650.

Cl. Mellan **HENRI DE MESMES** del. et sculp.
Seig.r de Roissi President au Mortier
Mort en 1650.

Cl. Mellan G. **JULES CARDINAL MAZARIN** del. et sculp.
Né à Piscina, dans l'Abruzze, le 14 Juill. 1602. Mort au Ch.au de Vinceñes, le 9 Mars 1661.

MAZARIN, (JULES) CARDINAL,

ET PREMIER MINISTRE D'ÉTAT EN FRANCE,

Né le 14 Juillet 1602, de Pierre Mazarini, & d'Hortense Buffalini ; Cardinal en 1641 ; Ministre en 1642 ; mort le 9 Mars 1661.

CONDREN, (CHARLES DE)

SECOND GÉNÉRAL DE L'ORATOIRE,

Né le 15 Décembre 1588; mort le 7 Janvier 1641.

AXEL OXENSTIERNA
Comte de Söder-Möre, et autres Lieux,
Chancel.r de Suede 1.r Minist.r du gr.d Gustave et de Christine
Né le 16 Juin 1583 Mort le 28 Août 1654.

OXENSTIERN, (AXEL)

Grand-Chancelier de Suede, & premier Ministre de Gustave-Adolphe, Roi de Suede, & de la Reine Christine sa fille;

Né le 16 Juin 1583; Ambassadeur en Dannemarck en 1615; peu de tems après, Chancelier du Royaume de Suede; en 1632 Administrateur Général des affaires de la Suede; mort le 28 Août 1654.

GASSION, (JEAN DE)

MARÉCHAL DE FRANCE,

ET GOUVERNEUR DES PAYS-BAS FRANÇOIS,

Quatriéme fils de Jacques de Gaffion, fecond Préfident au Parlement de Paris, & de Marie d'Efclaux;

Né le 20 Août 1609; Maréchal de France le 17 Novembre 1643; mort le 2 Octobre 1647.

WEIMAR, (BERNARD)

DUC DE SAXE,

Dernier fils de Jean, Duc de Saxe-Weimar, & de Dorothée-Marie, Princeffe d'Anhalt;

Né le 6 Août 1604; mort le 18 Juillet 1639.

CHRISTINE,

REINE DE SUEDE,

Fille de Guſtave-Adolphe, Roi de Suede, & de Marie-Eléonore de Brandebourg;

Née le 8 Février 1626; Reine en 1632; abdiqua le 16 Juin 1654; morte le 19 Avril 1689.

LOUIS-EMMANUEL
de VALOIS,
COMTE D'ALAIS,
DUC D'ANGOULÊME,

Fils puîné de Charles de Valois, petit-fils de Charles IX, & de Marie Touchet;

Né en 1596; mort en 1653.

SÉGUIER, (PIERRE)
CHANCELIER DE FRANCE,

Né le 29 Mai 1588, de Jean Séguier, Lieutenant Civil au Châtelet de Paris, & de Marie Tudert; fucceffivement Confeiller, Maître des Requêtes, Préfident à Mortier; Garde des Sceaux en 1633; Chancelier en 1653; mort le 28 Janvier 1672.

Mellan sculp.
PIERRE SEGUIER
Chancellier de France.
Né a Paris, le 29. Mai 1588. Mort a S.ᵗ Germain en Laye le 28 janv. 1672.

TOUR, (HENRI DE LA) VICOMTE DE TURENNE,

MARÉCHAL GÉNÉRAL

DES CAMPS ET ARMÉES DU ROI;

Né en Septembre 1611, d'Henri de la Tour, Vicomte de Turenne, Duc de Bouillon, Maréchal de France, & d'Isabelle de Nassau-Orange, sa seconde femme; commença à porter les armes à l'âge de quatorze ans; Maréchal Général des Camps & Armées du Roi, le 7 Avril 1660; fit abjuration en 1668; mort le 27 Juillet 1675.

CHOISEUL, (CÉSAR DE)
MARÉCHAL DE FRANCE,

Fils de Ferri II de Choiseul, Comte de Praslin;

Né en 1597; Lieutenant Général après la prise de Coni; Maréchal de France le 20 Juin 1645; choisi en 1649 pour être Gouverneur de Monsieur; mort le 23 Décembre 1675.

CESAR DE CHOISEUL
Duc, Pair et Marechal de
France, Chev. des Ordres du Roi, &c.
mort en 1675. âgé de 78 ans.

Gravé d'après le Tableau qui est aux grands Augustins.

PORTE, (CHARLES DE LA)

SECOND DU NOM,

DUC DE LA MEILLERAYE,

PAIR, MARÉCHAL,

ET GRAND-MAITRE DE L'ARTILLERIE DE FRANCE;

Né en 1602, de Charles de la Porte, sieur de la Meilleraye, fils du célebre François de la Porte, Avocat au Parlement, & de Claude de Champlais; Gouverneur du Château de Nantes en 1632; Grand-Maître d'Artillerie en 1634; Maréchal de France en 1639; Duc & Pair en 1663; mort le 8 Février 1664.

BIGNON, (JÉRÔME)
CONSEILLER D'ÉTAT,
AVOCAT GÉNÉRAL DU ROI
AU PARLEMENT DE PARIS.

Né en 1590, de Rolland Bignon, Avocat distingué, & de Marie Ogier, fille de Christophe, aussi Avocat au Parlement ; Avocat Général du Grand-Conseil en 1620 ; Conseiller d'Etat & Avocat Général au Parlement de Paris en 1626 ; Bibliothécaire du Roi en 1642 ; mort le 7 Avril 1656.

JEROME BIGNON
Avocat Gen.l du Parlem.t de Paris, Cons.r
d'Etat, et Biblioth.re du Roi.
Né à Paris, en 1590. Mort le 7 Avril 1656.

VICTOR LE BOUTILLIER
Archevêque de Tours.
Mort le 12 Septembre 1679. Agé de 74. ans.

BOUTHILLIER, (VICTOR)

ARCHEVÊQUE DE TOURS,

Né en 1596; mort le 12 Septembre 1670.

CALLOT, (JACQUES)

DESSINATEUR ET GRAVEUR,

Né en 1593; mort le 28 Mars 1635.

JACQUES CALLOT
Dessinateur et Graveur
Né à Nanci en 1593. Mort le 28 Mars 1635.

CORNEILLE, (PIERRE)

Dit *LE GRAND*,

Né en 1606, de Pierre Corneille, Maître des Eaux & Forêts; Avocat Général à la Table de Marbre de Rouen; enfuite devenu Auteur Dramatique; mort le 10 Octobre 1684.

BEAUFORT,

(FRANÇOIS DE VENDÔME, DUC DE)

Né en Janvier 1616, de Céfar, Duc de Vendôme, fils naturel d'Henri IV, & de Gabrielle d'Eftrées; & de Françoife de Lorraine, Duchefse de Mercœur; mort le 25 Juin 1669.

FRANÇOIS DE VENDOME,
Duc de Beaufort.
Né en Janv. 1616. Tué au Siege de Candie le 25 Juin 1669.

CINQ-MARS, (HENRI COIFFIER, *dit* RUZÉ, MARQUIS DE)

Second fils d'Antoine, Marquis d'Effiat, Maréchal de France, & de Marie de Fourcy;

Né en 1620; Grand-Ecuyer en 1639; mort le 12 Septembre 1642.

PEIRESC,

(NICOLAS-CLAUDE FABRI DE)

CONSEILLER AU PARLEMENT DE PROVENCE,

Né le premier Décembre 1580, de Claude de Peirefc, Conseiller au Parlement de Provence, & de Marguerite de Bompar; Conseiller en 1607; mort le 24 Juin 1637.

NIC. CLAUDE FABRI. DE PEIRESC
Conseiller au Parlement d'Aix.
Né en Provence, le 1.er Décembre 1580. Mort à Aix, le 24 Juin 1637.

MARTIN HARPERTZ TROMP
Amiral de Hollande
Tué dans une Bataille Navale, contre
les Anglois, le 10 Août 1653.

TROMP, (MARTIN HAPPERTZ)

AMIRAL HOLLANDOIS,

Né en 1587; mort le 10 Août 1653.

RUBENS, (PIERRE-PAUL)
PEINTRE,

Né le 28 Juin 1577, de Jean Rubens, Conseiller du Sénat d'Anvers; mort le 30 Mai 1640.

PIERRE PAUL RUBENS
Peintre, Né à Cologne en 1577. Mort à Anvers en 1640

OLIVIER CROMWEL
Né en 1603. Mort à Londres, le 13.
Septembre, 1658.

CROMWEL, (OLIVIER)

Né en 1603 ; marié en 1630 avec Elifabeth Bourchier ; avec le titre de *Protecteur de la République d'Angleterre* en 1653 ; mort le 13 Septembre 1658.

Regne de Louis XIII.

DOMINIQUIN, (LE)
ou DOMINIQUE ZAMPIERI,

PEINTRE,

Né en 1581; mort le 15 Avril 1641.

VANDICK, (ANTOINE) PEINTRE,

Fils d'un Marchand de toiles, & d'une mere qui peignoit le Paysage;

Né à Anvers en 1599; mort en 1641.

VOUET, (SIMON) PEINTRE,

Né en 1582, de Laurent Vouet, Peintre; marié à Virginia di Vezzo, en 1626; mort en 1641.

SIMON VOUET
Peintre du Roy.
Né à Paris en 1582. Mort en 1641. agé de 59. ans.

VIRGINIA DE VEZZO DA VELLETRI PITTRICE

Qui saggia mano hà di Virginia accolto
Gli occhi, la fronte, il crin co i tratti suoi:
Ma se l'arte, e lo spirto ammirar vuoi
Mira le tele sue, più ch'il suo volto.
Cl. Mellan Franc. F. V. Rom. 1626

VOUET, (VIRGINIA DI VEZZO, ÉPOUSE DE SIMON)

Mariée en 1626; morte en 1638.

MASLE, (MICHEL LE)

Chantre & Chanoine de l'Eglise de Paris; Secrétaire du Cardinal de Richelieu en 1642.

MICHEL LE MASLE
Prieur des Roches de Longpont, N.Dame des
Champs, Chantre et Chanoine de l'Eglise de Paris,
Secrétaire de Monseigneur le Cardinal de Richelieu en 1642.

Louis XIV. Roy de France

… REGNE DE LOUIS XIV.

LOUIS XIV,

ROI DE FRANCE ET DE NAVARRE,

Surnommé *LE GRAND*,

Fils de Louis XIII, & d'Anne d'Autriche;

Né le 5 Septembre 1638; fuccéda à fon pere le 14 Mai 1643, fous la Régence d'Anne d'Autriche; déclaré majeur en 1651; marié en 1660, avec Marie-Thérefe d'Autriche, Infante d'Efpagne, fille de Philippe IV; mit le Duc d'Anjou en 1701, fur le Trône d'Efpagne, fous le nom de Philippe V; mort le premier Septembre 1715.

LOUIS DE BOURBON,

SECOND DU NOM,

PRINCE DE CONDÉ,

Surnommé *LE GRAND CONDÉ*,

Né le 8 Septembre 1621, de Henri II, Prince de Condé, & de Marie-Charlotte de Montmorenci; chargé du commandement des Armées à l'âge de vingt-deux ans; Prince de Condé en 1646; mort le 11 Décembre 1686.

LOUIS II. DE BOURBON
Prince de Condé.
Né a Paris le 8. Septembre 1621. Mort
à Fontainebleau le 11 Decembre 1686.

VALETTE, (BERNARD DE LA) DE NOGARET, DUC D'ÉPERNON, GOUVERNEUR DE GUYENNE,

Fils de Jean-Louis de la Valette;

Né en 1602; mort le 25 Juillet 1661.

ROCHEFOUCAULD,

(FRANÇOIS VI, DUC DE LA)

PRINCE DE MARSILLAC,

Né le 15 Décembre 1613, de François V, & premier Duc de la Rochefoucauld, & de Gabrielle du Pleffis-Liancourt, fille de Charles, Seigneur de Liancourt, Gouverneur de Paris; mort le 17 Mars 1680.

FRANÇOIS VI
Duc de la Rochefoucault,
Pair de France
Né le 15 Décembre 1613. Mort le 17 Mars 1680.

Cl. Mellan del. **JEAN DE LONGUEIL** et Sculpsit.
Marqs de Maisons, Présid. au Mortier.
Mort le 10. Avril 1705. Agé de 80 ans.

LONGUEIL, (JEAN DE)

MARQUIS DE MAISONS,

PRÉSIDENT A MORTIER,

Né en 1625 ; mort en 1705.

QUESNOY, (FRANÇOIS)
SCULPTEUR,

Né en 1594; mort le 12 Juillet 1643.

THOMASO ANELLO
dit Masanello
qui fit Soulever Naples, le 7 Juillet 1647.
Né à Amalfi, tué par ceux de son parti le 16 Juillet 1647.

MAZANIEL,

(THOMAZO ANIELLO)

PÊCHEUR A NAPLES,

Né vers l'an 1610; fit foulever Naples le 7 Juillet 1647; mort le 16 du même mois.

GONDI,

(JEAN-FRANÇOIS-PAUL DE)

Célebre sous le nom de *Coadjuteur* & de *Cardinal de Retz*, second Archevêque de Paris;

Né en Octobre 1614, de Philippe-Emmanuel de Gondi, Comte de Joigny, & de Françoise-Marguerite de Silly, Dame de Commercy; Chanoine de Notre-Dame en 1627; Coadjuteur en 1643; Archevêque de Corinthe en Janvier 1644; Cardinal le 19 Février 1652; mort le 24 Août 1679.

JEAN FRANCOIS PAUL.
De Gondy, Cardinal de Retz.
Second Archevesque de Paris.
Né en 1614. Mort le 24. d'Aoust 1679.

BROUSSEL, (PIERRE DE)

CONSEILLER DU PARLEMENT

DE PARIS,

Né en 1580; mort en 1654.

MERSENNE, (MARIN)
MINIME,
THÉOLOGIEN, PHILOSOPHE,
ET MATHÉMATICIEN CÉLEBRE,

Né le 8 Septembre 1588; mort le premier Septembre 1648.

MARIN MERSENNE
Religieux de l'Ordre des Minimes Thologi
Philosophe et Mathematicien celebre né à
Oyse au Maine Mort a Paris 1648 âgé de 60 ans

ANNE GENEV. DE BOURBON
Duchesse de Longueville
Née le 27. Août 1619. Morte le 15. Avril 1679.

LONGUEVILLE,

(ANNE-GENEVIEVE DE BOURBON-CONDÉ, DUCHESSE DE)

Née le 27 Août 1619, de Henri de Bourbon II du nom, & de Charlotte-Marguerite de Montmorenci; mariée en 1642, à Henri d'Orléans II du nom, Duc de Longueville; morte le 15 Avril 1679.

GRAMMONT,

(ANTOINE III, DUC DE)

MARÉCHAL DE FRANCE,

Né en 1604, d'Antoine II, Comte de Grammont, & de Louife de Roquelaure, fille d'Antoine, Maréchal de France; appellé Comte de Guiche jufqu'en 1648; Meftre de Camp du Régiment des Gardes, enfuite Lieutenant Général, & enfin Maréchal de France en 1641; Ambaffadeur extraordinaire à Francfort; envoyé en Efpagne pour faire la demande de Marie-Thérefe d'Autriche, époufe de Louis XIV; mort le 12 Juillet 1678.

ANTOINE III.
DUC DE GRAMMONT.
Marechal de France.
Né en 1604. Mort a Bayonne le 12 Juillet 1678.

DESCARTES, (RENÉ)

RESTAURATEUR DE LA PHILOSOPHIE,

Fils de Joachim Defcartes, Confeiller au Parlement de Bretagne, & de Jeanne Brochard;

Né le 3 Août 1596; mort le 11 Février 1650.

OLONNE,

(CATHERINE-HENRIETTE D'ANGENNES, COMTESSE D')

Fille aînée de Charles d'Angennes, Baron de la Loupe, & de Marie du Raynier-Droué;

Née vers l'an 1633; mariée en 1652, à Louis de la Trémoille, Comte d'Olonne; morte le 13 Juin 1714.

CATHERINE HENRIETTE D'ANGENNES.
Comtesse d'Olonne Morte le 13. Juin 1714.

MES. **ROGER DE RABUTIN**
*Comte de Bussy, Mestre de Camp gñal de la
Cavalerie Françoise et Etrangere, Lieutenant géñal
des Armées du Roy, Peint à 55 ans. Mort en Avril 1693.*

RABUTIN, (ROGER DE)

COMTE DE BUSSY,

LIEUTENANT GÉNÉRAL

DES ARMÉES DU ROI,

Né le 30 Avril 1618, de Léonor de Rabutin, Baron de Buffy, Lieutenant Général pour le Roi en Nivernois, & de Diane de Cugnac, fille de François, Seigneur de Dampierre; premier Capitaine dans le Régiment de son pere en 1632; Lieutenant Général du Nivernois en 1645; Maréchal de Camp en 1651; Meftre de Camp de la Cavalerie Légere, & Lieutenant Général en 1654; mort le 9 Avril 1693.

CHARLES II,

ROI D'ANGLETERRE,

Fils de Charles I, & d'Henriette de France, fille d'Henri IV;

Né le 29 Mai 1630; proclamé Roi d'Ecosse en 1647; couronné Roi d'Angleterre en 1661; marié en 1662 avec l'Infante Catherine de Portugal; mort le 16 Février 1685.

CHARLES II.
Roy d'Angleterre.
Né le 29 May 1630. Mort le 16. Fevrier 1685.

JACQUES II.
Roy d'Angleterre.
Né a Londres le 14 8bre 1633.
Mort a St Germain en Laye le 16 7bre 1701.

JACQUES II,

DUC D'YORCK,

ET DEPUIS ROI D'ANGLETERRE,

Né le 14 Octobre 1633, de Charles I, & d'Henriette de France; après la mort de Charles II fon frere, proclamé Roi le 16 Février 1685, fous le nom de Jacques II; & en Ecoffe fous celui de Jacques VII; obligé de fe retirer en France où il arriva en 1689; mort le 16 Septembre 1701.

MONTPENSIER,

(ANNE-MARIE-LOUISE D'ORLÉANS, DUCHESSE DE)

Connue sous le nom de *MADEMOISELLE*;

Fille de Gaston Jean-Baptiste de France, Duc d'Orléans, Frere de Louis XIII, & de Marie de Bourbon, Duchesse de Montpensier;

Née le 29 Mai 1627; morte le 5 Avril 1693.

ANNE Me LOUISE d'ORLEANS
Duchesse de Montpensier,
Née le 29 Mai 1627 Morte à Paris le 5 Avril 1693.

Mellan sculp. **JEAN PIERRE CAMUS**
Evêque de Belley.
Mort à Paris, le 26 Avril 1652 agé de 70 ans.

CAMUS, (JEAN-PIERRE)

EVÊQUE DE BELLAY,

Né le 3 Novembre 1582, de Jean Camus, Seigneur de Saint-Bonnet; Evêque de Bellay en 1609; mort le 26 Avril 1652.

PETAU, (DENIS) JÉSUITE,

Né le 21 Août 1583, de Jérôme Petau, Marchand à Orléans; entré chez les Jésuites en 1605; mort le 11 Décembre 1652.

DENIS PETAU
Jesuite
Né à Orléans, en 1583. Mort à Paris, le 11 Décemb.
1652.

FOUCQUET, (NICOLAS)

MARQUIS DE BELLE-ISLE,

Né en 1615, de François Foucquet, Conseiller d'Etat, & de Marie de Maupeou, fille de Gilles de Maupeou, Intendant & Contrôleur Général des Finances; Maître des Requêtes en 1635; Procureur Général en 1650; Sur-Intendant des Finances en 1653; disgracié en 1661; mort le 23 Mars 1680.

LEWENBERG, (NICOLAS)

DE SCHONHOLTZ, AU CANTON DE BERNE,

Ci-devant Chef des Rebelles de tous les Cantons qui avoient pris les armes contre leurs Supérieurs, élu en Avril 1653.

NICOLAS LEWENBERG, de Schonholtz
au Baillage de Trachselwald, au Canton de Bern, cy-devant
Chef des rebelles de tous les Cantons qui avoient pris les armes
contre leurs Superieurs, Esleu au mois d'Avril 1653. et fait
prisonnier par les Seigneurs, au mois de Mai suivant.

GABRIEL NAUDÉ
Né à Paris, le 2 Février 1600. Mort à Abbeville,
le 29 Juillet 1653.

NAUDÉ, (GABRIEL)

MÉDECIN DE LA FACULTÉ DE PARIS,

Né le 2 Février 1600; mort le 29 Juillet 1653.

LÉOPOLD I,

EMPEREUR,

Né le 9 Juin 1640, de Ferdinand Erneſt, *dit* Ferdinand III, & de Marie-Anne d'Autriche, ſœur de Philippe IV, Roi d'Eſpagne; Roi de Bohême en 1654; de Hongrie en 1655; Empereur le 18 Juillet 1658; mort le 5 Mai 1705.

LEOPOLD I.
Empereur. Né le 9. Juin 1640.
Mort a Vienne le 5. May 1705.

PETRUS GASSENDUS PREPOSITUS
CATHEDRALIS ECCLESIÆ DINIENSIS
C. Mellan Gall. del et sculp

GASSENDI, (PIERRE)

Chanoine & Prévôt de l'Eglife Cathédrale de Digne, & Profeffeur de Mathématiques au Collége Royal;

Né en 1592; Profeffeur de Mathématiques au Collége Royal en 1645; mort le 24 Octobre 1656.

LAMOIGNON, (GUILLAUME DE)

MARQUIS DE BAVILLE,

Né le 20 Octobre 1617, de Chrétien de Lamoignon, Préfident au Parlement de Paris; Confeiller au Parlement en 1635; Maître des Requêtes en 1644; Premier Préfident le 2 Octobre 1658; mort le 10 Décembre 1677.

GVILLEMVS DE LA MOIGNON
Senatus Galliarum Princeps
Natus anno 1617. *obiit anno 1677.*

FREDERIC ARMAND.
De Schomberg.
Marechal de France, Mort le 10 Juillet 1690.

SCHOMBERG,

(FRÉDÉRIC-ARMAND, COMTE DE)

MARÉCHAL DE FRANCE,

Fils de Ménard, Comte de Schomberg, Maréchal du haut & bas Palatinat, & d'Anne de Sutton d'Udley ; après avoir servi avec distinction en Allemagne & en Hollande, il passa au service de la France, où il eut la charge de Capitaine-Lieutenant des Gardes Ecossois ; Maréchal de France le 30 Juillet 1675 ; mort le 10 Juillet 1690.

VALLIERE,

(LOUISE-FRANÇOISE DE LA BAUME-LE-BLANC, DUCHESSE DE LA)

Fille de Laurent III du nom, Marquis de la Valliere, Gouverneur d'Amboife, & de Françoife le Prévôt;

Née en Octobre 1644; Carmélite en 1675; morte le 6 Juin 1710.

PHILIPPE DE FRANCE,
Duc d'Orleans.
Né a St Germain en Laye le 21.7.^{bre} 1640.
Mort a St Cloud le 9 Juin 1701.

PHILIPPE,
FILS DE FRANCE,
Appellé *MONSIEUR*,
FRERE UNIQUE DE LOUIS XIV,
DUC D'ORLÉANS,

Second fils de Louis XIII, & d'Anne d'Autriche;

Né le 21 Septembre 1640; appellé Duc d'Anjou jufqu'en 1661; marié à Henriette d'Angleterre le 31 Mars 1661; mort le 9 Juin 1701.

HENRIETTE-ANNE

D'ANGLETERRE,

Fille de Charles I, & d'Henriette de France;

Née le 16 Juin 1644; mariée à MONSIEUR, frere du Roi, le 31 Mars 1661; morte le 30 Juin 1670.

Cl. Mellan G. del et sc. **HENRIETTE ANNE**
d'Angleterre, Duchesse d'Orléans.
Née à Exceter, le 16. Juin 1644. Morte à St Cloud le 30. Juin 1670.

HORTENSE MANCINI
Duchesse de Mazarin
Née à Rome, Morte à Chelsey en Anglet.ᵉ le 2 Juil.1699

MAZARIN, (HORTENSE DE MANCINI, DUCHESSE DE)

Troisiéme fille de Michel-Laurent Mancini, & de Jéronime Mazarin, sœur du Cardinal, & petite-fille de Paul Mancini, Baron Romain, Instituteur de l'Académie des Humoristes; amenée en France à l'âge de six ans, vers l'an 1652; mariée au Duc de la Meilleraye, le 28 Février 1661; morte le 2 Juillet 1699.

COLBERT, (JEAN-BAPTISTE)

CONSEILLER D'ÉTAT,

CONTRÔLEUR GÉNÉRAL DES FINANCES,

SUR-INTENDANT DES BÂTIMENS,

SECRÉTAIRE ET MINISTRE D'ÉTAT,

Né le 31 Août 1619, de Nicolas Colbert, Conseiller d'Etat, & de Marie Puffort, fille du Conseiller d'Etat de ce nom; mort le 6 Septembre 1683.

JEAN BAP.^{te} COLBERT
Ministre et Secretaire d'Etat,&c.
Né à Paris, le 31 Août 1619. Mort le 6 Sept. 1683.

LULLI, (JEAN-BAPTISTE) MUSICIEN,

Né en 1633; mort en Mars 1687.

PASCAL, (BLAISE)

Né le 19 Juin 1623, d'Étienne Pafcal, Préfident en la Cour des Aides, & d'Antoinette Begon; mort le 19 Août 1662.

FRANÇOIS D'AUBUSSON,
*Vicomte Duc de la Feuillade Pair et
Marec.ʰ de Fr.ᶜᵉ Chevʳ des Ordres du Roi &c.
Mort le 29 Septembre 1691.*

AUBUSSON,

(FRANÇOIS, VICOMTE D')

DUC DE LA FEUILLADE,

PAIR ET MARÉCHAL DE FRANCE,

Né en 1623, de François d'Aubuffon, Comte de la Feuillade, & d'Ifabelle Brachat; Capitaine de Cavalerie au Régiment de Gafton en 1650; Maréchal de France le 30 Juillet 1673; nommé Vice-Roi de Sicile en 1677; Gouverneur de Grenoble & du Dauphiné en 1681; mort le 19 Septembre 1691.

MONTÉCUCULI,

(RAYMOND DE)

GÉNÉRALISSIME DES TROUPES DE L'EMPEREUR,

Né en Février 1608; Maréchal de Camp Général en 1657; mort le 16 Octobre 1680.

RAIMOND COMTE DE Montecuculi, Chev.r de la Toison d'Or, Con.er de Guerre Grand Maitre de lartillerie Gen.l oc.l de Ragh et Genera.l des Troupes de l'Emp. pereur mort le 16 Oct.bre 1680 agé de 70 ans 6 Mois.

ARM.º JEAN LE BOUTHILLIER
DE RANCÉ, Abbé de la Trappe;
Né à Paris le 9 janvier 1626. Mort à la Trappe, le 26 8.bre 1700.

RANCÉ,

(ARMAND-JEAN BOUTHILIER DE)

ABBÉ DE LA TRAPE,

Fils de Denis Bouthilier, Seigneur de Rancé, Vice-Amiral & Lieutenant Général du Commerce & de la Navigation de France en Picardie, & de Charlotte de Fleury-Joli;

Né le 9 Janvier 1626; introduisit la réforme au Monastere de la Trape en 1664; mort le 26 Octobre 1700.

POUSSIN, (NICOLAS)

PEINTRE,

Né en 1594, de Jean Pouſſin ; mort en 1665.

ARNAULD, (ANTOINE)

DOCTEUR DE SORBONNE,

Vingtiéme & dernier fils d'Antoine Arnauld, Avocat célebre du regne d'Henri IV, & de Catherine Marion, fille de l'Avocat Général Marion;

Né le 5 Février 1612; mort le 8 Août 1694.

ROCHECHOUART,

(FRANÇOISE-ATHENAIS DE)

MARQUISE DE MONTESPAN;

Fille de Gabriel de Rochechouart, Duc de Mortemar, & de Diane de Grandſeigne;

Née en 1641; mariée à Henri-Louis de Gondrin de Pardaillan, Marquis de Montefpan; morte le 28 Mai 1707.

FRANÇOISE ATHENAISE,
De Rochechouart,
Marquise de Montespan, Morte le 28
May 1707. Agée de 66 Ans.

MICH.^l ADRIENSZ DE RUYTER
Lieut Amiral Genl des Prov.^{ces} Unies,
Né à Flessingue, en 1607. Mort près d'Agousta,
1676.

RUYTER, (MICHEL-ADRIEN)

LIEUTENANT-AMIRAL GÉNÉRAL

DES PROVINCES-UNIES,

Né en 1607, d'Adrien Michel, & d'Alide-Jeanne Ruyter, de laquelle il prit le nom; successivement Matelot, Contre-Maître, Pilote, Capitaine de Vaisseau, Commandeur, Contre-Amiral, Vice-Amiral; & enfin Lieutenant-Amiral Général en 1666; mort le 22 Mars 1676.

TELLIER,

(FRANÇOIS-MICHEL LE)

MARQUIS DE LOUVOIS

ET DE COURTANVAUX,

MINISTRE ET SECRÉTAIRE D'ÉTAT,

Né le 18 Janvier 1641, de Michel le Tellier, Chancelier de France & Ministre d'Etat, & d'Elisabeth Turpin, fille de Jean Turpin, Conseiller du Roi en ses Conseils, & de Marie Chapellier; Secrétaire d'Etat en 1662; Ministre de la Guerre en 1664; Sur-Intendant des Bâtimens en 1683; mort le 16 Juillet 1691.

FRANÇOIS MICHEL LE TELLIER,
Marquis de Louvois Ministre et Secrétaire d'État,
Né le 18 Janvier 1641 Mort le 16 Juillet 1691.

GUERCHIN, (FRANÇOIS BARBIERI, surnommé LE)

Né en 1597; mort en 1667.

TEMPLE, (GUILLAUME)

Né en 1629, de Jean Temple, Maître des Rôles en Irlande & Membre du Parlement, & d'une sœur du Docteur Hammond, Miniftre dans la Province de Kent; venu en France à 19 ans; marié en 1655, à Dorothée Obſborn, fille du Chevalier Obſborn, Membre de la Convocation d'Irlande en 1660; Baronnet & Réfident à Bruxelles; Ambaffadeur en Hollande en 1674; mort en Février 1690.

GUILLAUME TEMPLE,
Envoyé de Charle II. Roy de la Grande
Bretagne auprès des Etats Generaux.
Mort au Mois de Fevrier 1690.

CHARLES II.
Roy d'Espagne.
Né a Madrid le 6 9bre 1661. Mort le 1er 9bre 1700.

CHARLES II,
ROI D'ESPAGNE,

Né le 6 Novembre 1661, de Philippe IV, Roi d'Espagne, & de Marie-Anne d'Autriche, sœur de l'Empereur Léopold, & fille de l'Empereur Ferdinand III; monté sur le Trône le 18 Septembre 1665; marié en 1679, à Marie-Louise d'Orléans, fille de Monsieur, frere unique de Louis XIV; & en 1690, à Marie-Anne de Neubourg; mort le premier Novembre 1700.

BOUILLON, (EMMANUEL-THÉODOSE DE LA TOUR D'AUVERGNE, *dit* LE CARDINAL DE)

Fils de Frédéric-Maurice de la Tour d'Auvergne, Duc de Bouillon, & d'Eléonore-Catherine-Fébronie de Bergh;

Né le 24 Août 1643; Cardinal le 5 Août 1669; Grand-Aumônier de France en 1671; mort le 2 Mars 1715.

EMMANUEL THEODOS. DE LA TOUR.
Card.l de Bouillon G.d Aumonier de Fr.ce
Né a Turenne le 24. Aoust 1643.
Mort a Rome le 2 Mars 1715.

JACQUES BENIGNE BOSSUET
Evesque de Meaux.

BOSSUET, (JACQUES-BÉNIGNE)
ÉVÊQUE DE MEAUX,

Né le 27 Septembre 1627, de Bénigne Bossuet, Avocat & Conseiller des Etats de Bourgogne, & de Marguerite Mochet; Evêque de Condom le 13 Septembre 1669; Précepteur de Monseigneur le Dauphin; Evêque de Meaux en 1681; Conseiller d'Etat en 1697; mort le 12 Avril 1704.

DAILLÉ, (JEAN)

MINISTRE PROTESTANT,

Né le 6 Janvier 1594; Ministre à Charenton en 1626; mort le 15 Avril 1670.

JEAN DAILLÉ
Né à Chatelleraut le 6 Janvier 1594. fut
Ministre à Charenton en 1626 Mourut à Paris
le 15 Avril 1670 âgé de 77 ans

LUXEMBOURG,

(FRANÇOIS-HENRI DE MONTMORENCI, DUC DE)

MARÉCHAL DE FRANCE,

Fils posthume de François de Montmorenci, Seigneur de Boutteville, & d'Elisabeth-Angélique de Vienne;

Né le 8 Janvier 1628; Maréchal de France le 30 Juillet 1675; mort le 4 Janvier 1695.

REGNE DE LOUIS XIV.

VARIN, (JEAN)

GRAVEUR GÉNÉRAL

DES MONNOIES DE FRANCE,

Né en 1603 ; mort en 1672.

JEAN WARIN
Né à Liège, Graveur gñal. des Monoies de France et des Med.
du Roi, Con.er de son Acad. de Peint. et Sculp.re Mort en 1672 agé de 68 ans.

FRANC. de la MOTHE le VAYER.
De l'Académie Françoise
Mort en 1672 agé de 86 ans

VAYER,

(FRANÇOIS DE LA MOTHE LE)

CONSEILLER D'ÉTAT,

Précepteur du Duc d'Anjou, MONSIEUR, frere unique de Louis XIV;

Né en 1588, de Félix le Vayer, sieur de la Mothe, Substitut du Procureur Général au Parlement de Paris, & de Jeanne Trouillard; mort en 1672.

PRESTRE, (SÉBASTIEN LE)
SEIGNEUR DE VAUBAN,
MARÉCHAL DE FRANCE,

Né le premier Mai 1633, d'Urbain le Preſtre, & d'Aimée de Carmagnol; Gouverneur de la Citadelle de Lille en 1668; Commiſſaire Général des Fortifications de France en 1678; Lieutenant Général en 1688; Maréchal de France le 14 Janvier 1703; mort le 30 Mars 1707.

SEBAST. LE PRESTRE, DE VAUBAN
Maréchal de France
Né le 1.er Mai 1633. Mort à Paris le 30 Mars 1707.

MOLIERE,

(JEAN-BAPTISTE POCQUELIN)

Né en 1620, d'un Valet-de-chambre-Tapissier du Roi; mort le 17 Février 1673.

REMBRANDT, (VAN-RYN)

PEINTRE,

Fils d'un Meûnier, près de Leyde;

Né le 15 Juin 1606; mort en 1674.

Peint par lui même — *Gravé par Ch.Eisen*

REMBRANT VAN RIN *Peintre et Graveur.*
Né près de Leyde en 1606 Mort à Amsterdam en 1674.

PHILIPPE DE CHAMPAGNE
Peintre
Né à Bruxelles, en 1602. Mort à Paris, en 1674.

CHAMPAGNE, (PHILIPPE DE)

P E I N T R E,

Né le 16 Mai 1602; mort en 1674.

MESMES, (JEAN-ANTOINE DE)

COMTE D'AVAUX,

ET MARQUIS DE GIVRY,

Né en 1640; Conseiller au Parlement; Maître des Requêtes; Conseiller d'Etat; Ambassadeur dans différentes Cours; Plénipotentiaire à la paix de Nimegue; mort le 11 Février 1709.

ABRAHAM DU QUESNE
Général des Armées Navales de France.
Né en Normandie en 1610. Mort le 2. Fevrier 1688.

QUESNE,

(ABRAHAM, MARQUIS DU)

GÉNÉRAL DES ARMÉES NAVALES

DE FRANCE,

Né en 1610, d'Abraham du Quefne, Capitaine de Vaiffeau; parvenu du moindre pofte de la Marine, à celui de Lieutenant Général; Vice-Amiral en Suede en 1644; mort le 2 Février 1688.

MARIE STUART,

SECONDE DU NOM,

PRINCESSE D'ANGLETERRE,

Fille aînée de Jacques II, Roi d'Angleterre, & d'Anne Hyde, fille du Comte de Clarendon;

Née le 10 Mai 1662; mariée le 15 Novembre 1677, à Guillaume-Henri de Naſſau, Prince d'Orange; Couronnée Reine d'Angleterre avec ſon mari; morte le 7 Janvier 1695.

MARIE.
Femme de Guillaume III.
Née le 30. May 1662. Morte le 7. Janvier 1695.

SPINOSA, (BENOÎT)

JUIF DE NAISSANCE,

Né en 1632; mort le 21 Février 1677.

TESSÉ,

(RENÉ DE FROULAY, COMTE DE)

MARÉCHAL DE FRANCE,

GÉNÉRAL DES GALERES,

Né en 1651, de René II, Sire de Froulay, Comte de Teffé, Lieutenant Général des Armées du Roi, & de Magdeleine de Beaumanoir; Aide de Camp à 19 ans; Colonel de Dragons à 23; Brigadier des Armées du Roi en 1678; Maréchal de Camp en 1688; Colonel Général des Dragons, & Lieutenant Général des Armées du Roi; Ambaffadeur Plénipotentiaire en Savoye; accompagna Philippe V en Efpagne en 1700; Maréchal de France en 1703; Grand d'Efpagne, & Généraliffime des Troupes Efpagnoles en 1705; mort le 30 Mai 1725.

RENÉ DE FROULLAY,
Comte de Tessé,
Mare.l de France, G.d d'Espagne, General
des Galeres &c. Mort le 30. May 1725.

LOUIS DAUPHIN.
Né a Fontainebleau le 1.er 9.bre 1661.
Mort a Meudon le 14 Avril 1711.

LOUIS DE FRANCE,

DAUPHIN,

Appellé *MONSEIGNEUR*,

Fils de Louis XIV, & de Marie-Thérefe d'Autriche ;

Né le premier Novembre 1661 ; marié le 7 Mars 1680, à Marie-Anne-Chriftine-Victoire, Princeffe de Baviere ; mort le 14 Avril 1711.

MARLBOROUGH,

(JEAN CHURCHILL, DUC DE)

Né le 24 Juin 1650, du Chevalier Winston-Churchill de Voot *ou* Basset, & d'Elisabeth Drako; d'abord simple Officier subalterne dans un Régiment au Service de France; pourvu ensuite d'un Brevet de Capitaine; Lieutenant-Colonel d'Infanterie en Angleterre; puis Colonel d'un Régiment de Dragons; élevé à la dignité de Baron, par Charles II & Jacques II, Rois d'Angleterre; fait Comte sous le Roi Guillaume & la Reine Marie en 1689; dépouillé de tous ses emplois en 1691; rentré en grace en 1701; privé de nouveau du Commandement des Armées par la Reine Anne; rétabli dans ses dignités par le Roi Georges I en 1714; mort le 26 Juillet 1722.

JEAN CHURCHILL,
Duc de Marlborough.
Mort pres de Windsor le 26 Juillet 1722 agé de 74.

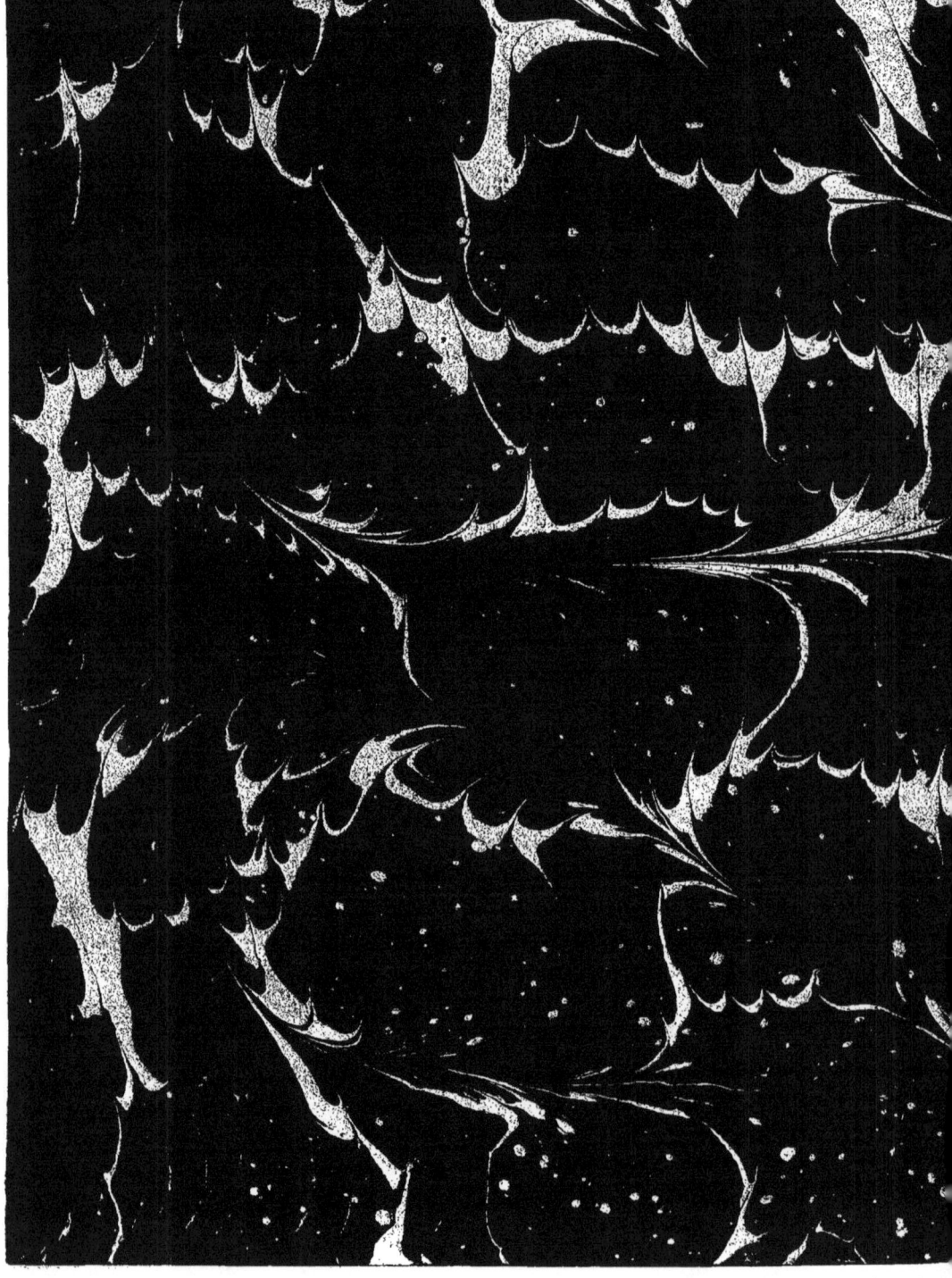

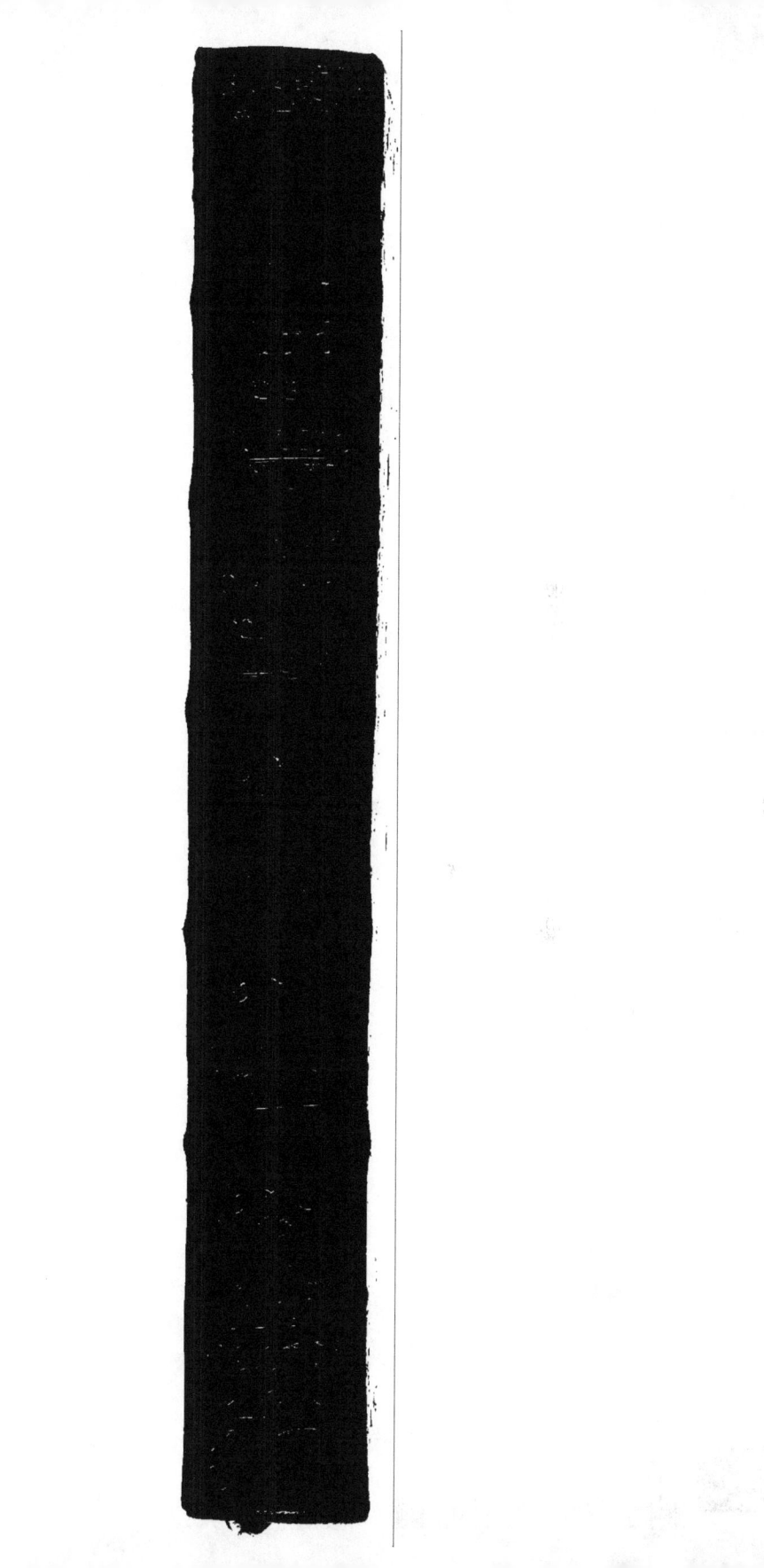

www.ingramcontent.com/pod-product-compliance
Lightning Source LLC
Chambersburg PA
CBHW071338150426
43191CB00007B/782